AF312274

CATALOGUE

DE LA

COLLECTION DE M. AGLAÜS BOUVENNE

EAUX-FORTES

ET

LITHOGRAPHIES

DE

Bonington, Boutet, Bracquemond,
Bresdin, Buhot, Chéret, Corot, Daumier,
Decamps, Delacroix, Fantin-Latour, Flameng,
Forain, Gavarni, Grasset,
Jacquemart, Legros, Lemud, Manet, Méryon, Millet,
Morin, Nanteuil,
Raffaelli, Rops, Seymour-Haden, etc., etc.

PARIS

LÉON SAPIN, LIBRAIRE
3, RUE BONAPARTE

1894

COLLECTION

DE

M. AGLAÜS BOUVENNE

LA VENTE AURA LIEU

Les Lundi 26 et Mardi 27 Novembre 1894

à 2 heures précises

HOTEL DES COMMISSAIRES-PRISEURS

RUE DROUOT, 9

Salle n° 10, au premier

Par le ministère de M⁰ Maurice DELESTRE

COMMISSAIRE-PRISEUR, 27, RUE DROUOT

Assisté de M. Léon SAPIN, libraire

RUE BONAPARTE, 3

CONDITIONS DE LA VENTE

La vente se fait au comptant.

Messieurs les Amateurs pourront examiner les estampes chez M. Léon SAPIN, 3, rue Bonaparte, de deux à cinq heures, du 19 au 24 Novembre.

M. L. SAPIN remplira les commissions des personnes qui ne pourraient assister à la vente.

Les acquéreurs paieront cinq pour cent en sus des enchères, applicables aux frais.

CATALOGUE

DE LA

COLLECTION DE M. AGLAÜS BOUVENNE

EAUX-FORTES

ET

LITHOGRAPHIES

DE

Bonington, Boutet, Bracquemond,
Bresdin, Buhot, Chéret, Corot, Daumier,
Decamps, Delacroix, Fantin-Latour, Flameng,
Forain, Gavarni, Grasset,
Jacquemart, Legros, Lemud, Manet, Méryon, Millet,
Morin, Nanteuil,
Raffaelli, Rops, Seymour-Haden, etc., etc.

PARIS

LÉON SAPIN, LIBRAIRE
3, RUE BONAPARTE

—

1894

ORDRE DES VACATIONS

Lundi *26 novembre 1894*, du N° 22 au N° 255.

Mardi *27 novembre 1894*, du N° 1 au N° 21.
— du N° 256 au N° 467.

La dispersion d'une collection formée petit à petit et dans un laps de temps considérable, n'est-ce pas un peu de l'âme du possesseur qui s'envole avec elle? Ne faut-il pas un concours de circonstances particulièrement délicates pour abandonner ainsi au hasard des enchères et avec un semblant de plénitude de volonté, les témoins d'une lutte journalière, les preuves de la confraternité d'artistes, les œuvres entrevues dans la douce intimité d'un cercle restreint?

Oui combien entre les gravures qui vont suivre et vont faire les délices des passionnés de l'estampe moderne, combien causeront un amer regret à celui qui va s'en déposséder, car ici, rien n'est objet de mode ou de gloriole ; c'est l'épreuve d'un ami, d'un maître, d'un admirateur aussi chaque pièce a-t-elle son histoire, chaque état, sa légende, chaque épreuve son anecdote ; et bien charmantes sont parfois ces légendes et ces anecdotes qui sont appelées à disparaître avec les gravures qui les ont suscitées !

M. Aglaüs Bouvenne qui les a recueillies et gardées jusqu'à maintenant avec un soin des plus jaloux, est né à Paris en 1829. Elève de N. Diaz, il a étudié la peinture, la lithographie, l'eau-forte, et s'est adonné principalement aux écrits d'art ; contemporain dans son tout jeune âge des maîtres de l'école de 1830, il entrait dans la carrière vers le moment où le romantisme, après quinze années de luttes au nom de l'idée, se trouvait débordé par le naturalisme ; il assista donc aux derniers efforts de ce beau mouvement dont la fin était comme un cri de désespoir, un triste adieu aux grandes aspirations du cœur, aux nobles illusions de l'âme !

Témoin des efforts incessants des héros invaincus de ce bon combat, il s'était pris à les admirer, à les comprendre, puis à les aimer et à s'en faire aimer : Hugo, Gautier étaient du nombre....., et ses œuvres d'art, comme ses tendances littéraires, comme les affinités de ses goûts, se ressentirent de cette heureuse influence ; ses aspirations allèrent vers des artistes qui avaient pressenti, typifié ou s'étaient souvenus du but romantique ; R. P. Bonington, Charles Meryon, Aimé de Lemud, Th. Chasseriau, entr'autres attirèrent son attention et tous les amateurs connaissent et consultent les catalogues qu'il a dressé de ces maîtres et petits-maîtres de la lithographie et de l'eau-forte.

Curieux, chercheur, à l'affût de tout ce qui est intéressant, instructif surtout, M. Bouvenne a été un des promoteurs des collections d'ex-libris, cette branche tant développée depuis quelques années. C'est plaisir de pouvoir rappeler au moment du plein succès, pendant les engouements de la mode ceux qui, soit par simple satisfaction, goût ou curiosité, ont les premiers ouverts une voie ; lui-même a apporté son appoint à ce genre de réunion ; il est l'auteur de plusieurs ex-libris et quels ! Victor Hugo, Théophile Gautier, Champfleury.

Nous citerons encore dans ses ouvrages littéraires, les Monogrammes historiques, puis les Portraits et charges de Victor Hugo, la notice sur le peintre Emile Garbet.

La somme de recherches imposées au catalographe, avait mis M. Bouvenne dans la nécessité de chercher chez Lemercier (le célèbre imprimeur qui a vu défiler chez lui tous les maîtres de la lithographie), la tranquilité d'une position établie ; par suite de faits inattendus, M. Bouvenne après une vie sacrifiée aux intérêts généraux de cette maison, ou il passa plus de trente années, était laissé en but aux circonstances, dures pour ceux qui comme lui ayant l'expérience de la lutte, connaissent d'avance les piètres résultats d'une carrière brisée ; mais vaillant, jeune de caractère et de sentiments, plein de souvenirs de ses amis d'autrefois, il a repris son existence de lutteur ; il vient d'écrire la biographie de l'artiste-type de la bohême, Rodolphe Bresdin (Chien-Caillou), suivi du catalogue de l'œuvre gravé et lithographié ; les amateurs verront certes avec plaisir l'apparition de cette monographie.

Enfin il grave à l'eau-forte (Vues, Paysages d'après Corot et Rousseau) et l'une de ses dernières œuvres recevait au Salon une récompense.

Dans sa collection qui va bientôt être éparpillée, la plupart des maîtres modernes, que je puis presque tous appeler ses amis sans crainte d'un démenti, se trouvent représentés. Citer des paysagistes comme Bonington, Corot, Rousseau, Chauvel, F. Buhot, Seymour-Haden, Michelin ; des artistes puissants comme J.-F. Millet, F. Bracquemond, Meryon, A. Legros, Decamps ; des délicats comme Meissonnier, Fantin-Latour, A. de Lemud, Gavarni, Ed. Morin ; des typiques comme Eug. Delacroix, Ed. Manet, Cél. Nanteuil ; puis encore J. Jacquemart, R. Bresdin, G. Courbet, Rops, Raffaelli, Flameng, Regamey, etc., n'est-ce pas montrer dans un ensemble des plus homogène les artistes affectionnés du XIXᵉ siècle, depuis le mouvement romantique jusqu'à nos jours.

Plusieurs de ces artistes ont ici à leur actif des pièces rarissimes ou des états presqu'uniques dont nous croyons inutile de donner la nomenclature puisqu'on les trouvera décrits plus loin au catalogue.

Loys DELTEIL.

COLLECTION

DE

M. AGLAÜS BOUVENNE

BASTIEN-LEPAGE (Jules).

1. Retour des champs. — Faucheux aiguisant sa faux.

    Deux eaux-fortes.

BAUDRY (d'après).

2. Glorification de la Loi. — Vision de St-Hubert. — Figures de l'Opéra.

    Sept pièces dont trois eaux-fortes et quatre fumés.

BESNARD (Albert).

3. La Mort.

    Eau-forte. Rare.

4. Femme assise au coin d'un feu.

    Eau-forte.

5. Vignettes pour l'affaire Clémenceau, par Alex. Dumas fils.

    Dix eaux-fortes très rares, tirées spécialement pour M. Gallimard.

6. Menus. 1889.

    Deux eaux-fortes.

BONHEUR (Rosa).

7. Chiens de chasse.

Report sur pierre.

BONINGTON (R.-P.).

8. Tour du gros Horloge à Evreux.

Lithographie 1824.

9. Rue du gros Horloge. Rouen.

Lithographie.

10. Vue d'une rue des faubourgs de Besançon. — Façade de l'Eglise de Brou.

Deux lithographies.

11. Vue générale de l'abbaye de Tournus. — Pesmes. — Ruines du château d'Arlay. — Ruines du même château. — Tour aux archives à Vernon.

Cinq lithographies, dont trois sur chine.

12. Restes et fragments d'architecture. — Titre. — Château d'Harcourt. — Maison grande rue St-Pierre, à Caen. — Vue prise de la route de Calais. — Cathédrale Notre-Dame à Rouen. — Maison rue Ste-Véronique à Beauvais. — Eglise St-Sauveur à Caen. — Entrée de la salle des Pas-perdus, Rouen.

Huit lithographies d'une suite de dix pièces. Rares.

13. Vues pittoresques de l'Ecosse.

Suite de treize pièces y compris deux culs-de-lampe.

14. Sujets de genre.

Suite de six lithographies. Deux sont sur chine.

15. Titre et six vignettes pour les Contes du gay sçavoir. — Campos sur les bords du Rio das Velhas.

Huit lithographies à la plume.

16. Bologne. 1828.

> Eau-forte.

17. Vues de France.

> Onze eaux-fortes et lithographies par Harding, Delauncy, Fielding, etc. En plus six pièces, portrait de l'Artiste. En tout dix-sept pièces.

18. Sujets de genres. — Paysages. — Marines.

> Douze eaux-fortes par Bracquemond, L. Flameng, Brunet-Debaines, etc.

19. Sujets de genre. — Paysages. — Marines.

> Vingt lithographies dont plusieurs avant la lettre sur chine.

20. Le Doux reproche. — Paysages. — Marines. — Sujets de genre.

> Vingt-cinq lithographies, bois et photographies.

21. Sujets de genre. — Paysages. — Marines.

> Trente-cinq eaux-fortes et lithographies dont plusieurs avant la lettre.

BONVIN (par et d'après F.).

22. Portrait de Lenain. — Bords de La Rance. — Sujets divers.

> Neuf pièces dont plusieurs avant la lettre.

BOSSE (Abraham).

23. La Galerie du Palais.

> Epreuve ancienne.

BOUTET (Henri).

24. Au café. — Femme au manchon. — La Modiste. — Parisienne. — Souvenir du déjeuner d'A Bouvret.

> Cinq pièces dont trois avant la lettre.

25. Adresses, Menus, Almanachs.

Neuf pièces, dont plusieurs en épreuves d'artiste.

BOUVENNE (Aglaüs).

26. Barbey d'Aurevilly, d'après F. Rops.

Lithographie. Épreuve sur chine, plus une réduction in-8. Deux pièces.

26 *(bis)*. Sept dessins de gens de lettres, Victor Hugo, Mérimée, Ed. et J. de Goncourt, Ch. Baudelaire, Th. Gautier, etc., fac-simile par Aglaüs Bouvenne. *Paris,* 1874, in-fol., cart. couv. imp.

26 *(ter)*. Six fauves, par Eugène Delacroix.

Six eaux-fortes tirées à 112 exemplaires dans un carton, couv. imp.

BRACQUEMOND (Félix).

27. Portraits de l'artiste.

Trois pièces gravées par Rajon et Penauille, dont une sur japon avec dédicace.

28. Portraits de Zacharie Astruc, Lantara, Émile Vernier, Didier Érasme.

Quatre eaux-fortes dont deux sur chine.

29. Portrait de Ch. Baudelaire, d'après lui-même. 1869.

Eau-forte.

30. Portrait d'Henri Béraldi.

Eau-forte de la plus grande rareté. Tirée à 6 épreuves. Épreuve sur japon avec signature de l'artiste.

31. Portrait de Jacques Bosch, guitariste.

Eau-forte. Épreuve d'artiste, sur japon, signée.

32. Portraits de Champfleury, Eug. Delacroix, Galilée.

Trois eaux-fortes.

33. Portrait de Léon Cladel.

Epreuve sur japon, signée à la plume.

34. Eugène Delacroix, 1863.

Eau-forte inédite.

35. Portrait de Desforges de Vassens.

Eau-forte. Planche restée inachevée.

36. Portrait de Jean Dolent, 1890.

Eau-forte. Quatre épreuves plus ou moins terminées.

37. Portrait de Duchesne aîné.

Eau-forte. Epreuve du 3e état.

38. Portrait d'Arthur d'Echérac. Deux portraits différents.

Eaux-fortes. Epreuves d'artistes sur japon, signées.

39. Fernand, grand troisième rôle du théâtre de Montparnasse, en costume de seigneur, 1876.

Eau-forte. Deux épreuves de 1er et 3e états.

40. Portraits des frères Edm. et Jules de Goncourt.

Eau-forte.

41. Portrait d'Edmond de Goncourt.

Epreuve non terminée.

42. Portrait d'Edmond de Goncourt.

Epreuve sur Japon avec dédicace.

43. Portrait d'Ernest d'Hervilly.

Eau-forte. Epreuve sur Japon, signée, état.

44. Portrait de Charles Meryon.

Deux épreuves de l'héliogravure.

45. Portrait de Charles Meryon.

Epreuve de l'héliogravure, tirée sur japon.

46. Portrait de Poulet-Malassis.

Eau-forte. Deux épreuves du 2e état, avant la lettre, dont une sur Japon.

47. Portrait de Louis Robert.

Epreuve à l'état d'eau-forte pure.

48. Portrait de Louis Robert.

Epreuve sur chine.

49. Portrait du Dr Tripier.

Eau-forte. Epreuve du 4e état sur japon. De toute rareté. Cette estampe n'a été tirée qu'à vingt épreuves.

50. Le docteur Tripier.

Deux pièces, héliogravure et reproduction par Lemercier.

51. Portraits de Castagnary. — Chassériau. — Ed. Manet. — A. Legros. — Cordier.

Cinq pièces, dont une lithographie. Epreuves d'artiste.

52. Le haut d'un battant de porte.

Eau-forte. Deux épreuves dont une sur japon avec cache-lettre.

53. Le lapin de garenne.

Eau-forte. Epreuve sur Japon.

54. Le lièvre.

Eau-forte. Epreuve avec dédicace.

55. Les Mouettes.

Eau-forte. Epreuve d'artiste sur Japon, avec dédicace.

56. Les Mouettes.

Eau-forte. Deux épreuves dont une sur Japon.

57. Six eaux-fortes par Bracquemond. 1887, publiées par Lemercier.

Titre et six pièces sur Japon, avec la signature de l'artiste.

58. Les Hirondelles. — Les Canards.

Eaux-fortes. Deux pièces de la suite des six eaux-fortes par Bracquemond, 1887, publiées par Lemercier. Rares épreuves non terminées.

59. Le canard.

Eau-forte pour les Graveurs du XIXe siècle, par Henri Béraldi. Quatre épreuves avant et avec la lettre.

60. Le Canard.

Eau-forte pour les *Graveurs du XIXe siècle* par Henri Béraldi. Épreuve du 1er état sur parchemin.

61. La terrasse de la Villa Brancas.

Eau-forte. Très rare épreuve du 2e état. Cet état n'a été tiré qu'à 3 ou 4 épreuves.

62. La terrasse de la villa Brancas.

Eau-forte. Épreuve du 7e état, sur Japon.

63. Au jardin d'acclimatation.

Essai d'eau-forte en couleur, 7e état. Très rare.

64. O Lune ?

Eau-forte, tirée à quelques épreuves. Trois épreuves dont deux biffées.

65. Vues de Sèvres et du Bas-Meudon ?

Trois eaux-fortes.

66. Vues d'Angleterre.

Trois eaux-fortes dont deux sur Japon.

67. Boissy d'Anglas, d'après Eug. Delacroix.

Épreuve sur japon, avec dédicace signée.

68. Cheval arabe au piquet, d'après E. Delacroix.   20

Eau-forte. Epreuve du 2ᵉ état.

69. Le Printemps, d'après J.-F. Millet.   7

Epreuve à l'état d'eau-forte pure, sur Japon.

70. Le Printemps, d'après J.-F. Millet.   40

Epreuve avec des croquis dans la marge. De toute rareté.

71. L'Automne, d'après J.-F. Millet.   22

Epreuve à l'état d'eau-forte pure sur Japon.

72. L'Automne, d'après J.-F. Millet.   36

Epreuve avec un croquis dans la marge et une dédicace.
Très rare.

73. Le roi David, d'après Gustave Moreau.   41

Epreuve avant la lettre sur japon, avec dédicace.

74. Ex-libris Manet. Le buste du peintre.   16

Eau-forte imprimée sur grand papier et au bas de laquelle
l'artiste a dessiné à la plume un terme avec une palette et des
pinceaux.

75. Ex-libris Asselineau, Poulet-Malassis. Arnaudet Ph. Burty, Bouvenne, Christophe.   38

Dix eaux-fortes dont une en épreuve d'essai avec plusieurs
sujets sur la planche.

76. Menu de la marmite. — Adresse de Delâtre. — Pont des Saints-Pères. — Dernière réflexion. — Tableaux modernes, collection H. — Vases. — Vignettes, etc.   24

Dix eaux-fortes et dix reproductions. En tout 20 pièces.

77. Fantaisies pour Ecrans.   72

Trois eaux-fortes contenant chacune quatre sujets.

78. Figures, animaux et fleurs, modèles de céramique.   62
Cinq pièces.

79. Fonds d'assiettes. — Plats.

> Quatre pièces.

80. La Guerre de 1870, grande allégorie représentant un homme étranglant l'aigle impérial. Janvier 1871.

> Lithographie de toute rareté.

81. L'Arc-en-ciel.

> Lithographie de toute rareté. Epreuve avec dédicace.

82. Don Juan. — Têtes de femme. — Paysage-Croquis. — Les Nymphes. — Vénus et les amours.

> Sept lithographies dont une en double, plusieurs sont avant la lettre.

83. Femme couchée. — Têtes de Femmes.

> Trois dessins-aquarelles.

84. Titre de la Bibliothèque Romantique. — Poëmes civiques par A. France. — OEuvres de V. Hugo. — La Chambre bleue, de P. Mérimée. — Invitation de M. et Madame Hoschedé.

> Cinq eaux-fortes.

85. Titres de la société des Aqua-fortistes. — Vignettes.

> Onze eaux-fortes.

86. Buste de la République, par Moulin (guerre de 1870). — Paysage non terminé. — L'Eclipse. — Ils s'en allaient dodelinant de la tête.

> Six eaux-fortes dont plusieurs avant la lettre.

87. Le Corbeau. — Canards. — Cigognes.

> Six eaux-fortes dont plusieurs avant la lettre.

88. Don Quichotte. — Les Natchez. — Le Baiser. — Le Duc d'Urbin et son fils.

> Cinq eaux-fortes et lithographies.

89. La Mort du Poussin, d'après Granet. — Les Singes barbiers, d'après Decamps. — Le Miroir, d'après Chaplin.

Six eaux-fortes dont quatre en épreuves d'état.

90. Le Bois de Boulogne. — Fontaine aux Cerfs. — L'Inconnu. — Reproductions, etc.

Dix pièces dont trois eaux fortes.

BRACQUEMOND (Madame Marie).

91. La Femme peintre. — Femme Moyen-âge. — Au jardin. — La Femme au masque, etc.

Cinq eaux-fortes, dont deux gravées d'après ses dessins par L. Coutil.

BRESDIN (Rodolphe) *dit Chien-Caillou.*

92. Paysage composé. Eau-forte.

Epreuve unique non terminée.

93. Sous bois. — Intérieur de forêt.

Deux eaux-fortes.

94. Mon Rêve. — Paysages.

Quatre eaux-fortes dont deux avant la lettre.

95. Le Bon Samaritain.

Lithographie. Epreuve sur double papier de chine, avec dédicace au crayon.

96. Repos en Egypte.

Deux lithographies. Epreuves sur chine.

97. Le Torrent. 1884.

Lithographie. Epreuve sur chine.

98. Titre de Fables. — Paysages.

Quatre lithographies sur chine.

99. La Comédie de la mort. — La Loi. — Allégorie. —
Paysages.   *21*

> Cinq lithographies.

100. Intérieurs. — Paysages.   *24*

> Sept lithographies sur chine.

101. Intérieur. — Paysages.   *20*

> Neuf pièces.

BROWN (John-Lewis).

102. L'Estafette. — Cavaliers. — Les Hussards. —
Paysage.   *20*

> Onze pièces dont plusieurs avant la lettre.

103. Programme de soirée. — Ecuyer. — Sur le champ de
courses-éventail.   *36*

> Trois lithographies imprimées en couleur.   *13*

BUHOT (Félix).

104. A la place Pigalle.   *20*

> Pièce inédite. 1878.

105. A la place Breda.   *30*

> Epreuve avec des croquis dans les marges.

106. Une Matinée d'hiver au quai de l'Hôtel-Dieu.   *64*

> Epreuve d'état, tirée sur vieux papier verdâtre ; plus une
> épreuve avec la lettre.

107. La Fête nationale du 30 juin au Boulevard Clichy.
1878.   *61*

108. La Traversée, pont d'un paquebot.   *20*

109. Débarquement en Angleterre.   *30*

> Rare épreuve avec les croquis dans les marges.

110. Débarquement en Angleterre.

Epreuve avec les croquis.

111. Westminster. — Palace. Londres.

Epreuve avec dédicace.

112. Les Esprits des villes mortes.

113. Le Port aux Mouettes.

Deux épreuves d'état différent, et une contre-épreuve. Trois pièces.

114. Les Bergeries.

Pièce tirée à 25 épreuves.

115. Les Grandes chaumières.

Pièce tirée à 50 épreuves seulement.

116. Marine.

Deux épreuves d'état différent.

117. Le Hibou. — Frontispice. 1883.

Epreuve non terminée sur Japon, de toute rareté.

118. Le Hibou. Frontispice. 1883.

Epreuve terminée.

119. Japonisme. Dix eaux-fortes, Avril. 1883.

Dix-huit pièces et la couverture, la plupart en épreuves d'essai, sur papier jaune pailleté.

120. Marine. Souvenir de Rochester. — Paysage. Hiodley-Heatts.

Deux pièces.

121. Paysage. — Le 20 mars au Palais des Champs-Elysées. — Femme assise. — En bateau.

Quatre pièces.

122. Paysages. — Effets de pluie.

Quatre pièces.

123. Les Zigzags d'un curieux, par Octave Uzanne.

Cinq épreuve des 2e, 3e et 4e états.

124. Ex-libris. — Les salles d'Estampes en province. — Eglise, essai en couleur. — Croquis, etc.

Cinq pièces, plusieurs en épreuves d'état.

125. Croquis. — Voiture de Saltimbanque. — Fantaisies. — Paysage.

Cinq pièces.

126. Les graveurs du XIXe siècle, par Henri Béraldi. — Tome IVe.

Sept épreuves des 1er, 2e, 3e, 4e, 5e et 6e états.

127. Vignettes pour une Vieille maîtresse, par Barbey d'Aurevilly.

Sept pièces.

128. Frontispice et vignette pour l'Ensorcelée, et non publiés.

Sept épreuves différentes

129. Paysages. — Animaux. — Figures.

Dix-sept pièces, la plupart des épreuves biffées.

130. Marine.

Lithographie. Epreuve sur chine.

BURTY (Philippe).

131. Objets japonais.

Sept eaux-fortes dont plusieurs en épreuves d'artiste.

CHARTRAN (T.).

132. Fidès Devriés. — Madeleine Lemaire. — Prince de
Sagan. — Meilhac. — Meissonier. — Princesse de Meter-
nich. — Carolus Duran. — Programme.

Dix lithographies.

CHAUVEL (Théophile).

133. Paysages.

Quatre eaux-fortes dont trois avant la lettre.

134. Paysage, d'après Isabey.

Epreuve avant toute lettre, sur chine, avec dédicace.

135. La Vache dans le pré, d'après Em. van Marcke.

Lithographie. Epreuve avant toute lettre sur chine, avec
dédicace.

136. Le Troupeau dans le pré.

Lithographie. Epreuve sur chine avant toute lettre.

137. Le Vaisseau, d'après un pastel de Ch. Meryon.

Lithographie. Deux épreuves sur chine, dont une avant toute
lettre, avec dédicace.

CHÉRET (Jules).

138. Billet de naissance de Mademoiselle H. Béraldi. —
Planches extraites des Affiches illustrées par Ern. Main-
dron.

Seize lithographies.

139. Les Bohémiens. — Mon petit premier. — Graines
d'horizontales. — Beaumignon. — Roman incohérent,
etc.

Seize pièces.

COURBET (Gustave).

140. L'Apôtre Jean Journet.

Lithographie originale. Très rare.

COURBET (d'après Gustave)

141. Portrait de l'Artiste. — Enterrement à Ornans, etc.

Neuf pièces.

142. Les Chasseurs au repos. — Les Casseurs de pierre.
— L'Enfant aux oiseaux.

Trois lithographies. Epreuves avant toute lettre, sur chine.

COURBOIN (François)

143. Portraits de La Caille, Rubens, Alph. Daudet, Diderot,
Trébutien, A. de Musset, Félicien Rops, etc.

Vingt-une eaux-fortes, la plupart à l'eau-forte pure et avant la
lettre.

144. Paysages. — Sujets d'histoire et de genre.

Vingt-trois eaux-fortes, d'après Chardin, A. V. Dyck et autres,
la plupart en épreuves d'artiste et avant la lettre.

145. Adresses. — Cartes. — Ex-libris.

Quinze pièces, plusieurs en épreuves d'artiste.

146. Portrait de George Sand. En-têtes et vignettes pour
La Marquise. Suite de 10 pièces.

Douze eaux-fortes, dont le portrait en trois états différents.

147. Portrait et vignettes.

Sept eaux-fortes. Epreuves d'essai en différents états.

COROT (J.-B.-C.).

148. Portraits de l'artiste. — Reproduction de ses œuvres, gravées sur bois.

Cinquante pièces.

149. Souvenir de Toscane (R. 1).

Eau-forte.

150. Le Bateau sous les saules (R. 2).

Eau-forte. Epreuve du 2e état.

151. L'Etang de Ville-d'Avray (Robaut 3).

Eau-forte. Epreuve du 3e état.

152. Souvenir d'Italie (R. 5).

Eau-forte. Epreuve du 3e état.

153. Souvenir d'Italie (R. 7).

Eau-forte. Trois épreuves.

154. Paysage. Sous bois.

Croquis sur verre. Epreuve de toute rareté imprimée en sanguine.

155. Paysage. Sous bois.

Croquis sur verre. Epreuve sur chine volant. Très rare.

156. Les Vaneuses. — Le Cavalier.

Autographies sur verre. De toute rareté.

157. Saules et peupliers blancs. — Au moulin de Cuincy. — Une Famille à Terracine. — Dormoir des vaches. — Le repos des philosophes. — La Tour isolée.

Autographies. Six pièces imprimées en bistre. Epreuves sur chine.

158. Etang de Ville-d'Avray. — Soleil couchant. — Le Bord de l'eau. — Crépuscule. — Nymphes dansant, etc.

> Dix lithographies par Emile Vernier et Pirodon, dont plusieurs avant la lettre sur chine.

159. Paysages.

> Eaux-fortes par Th. Chauvel, Teysonnières, Brunet-Debaines, etc., dont plusieurs sur Japon et sur chine. Dix-neuf pièces.

DAUBIGNY.

160. Paysages. — Le Calepin d'un artiste. — Le Nid de l'aigle. — Bas-Meudon, etc.

> Six pièces gravées par et d'après ce maître.

DAUMIER (Honoré).

161. Eau-forte. Unique essai à l'eau-forte de Daumier.

> Cette tête fut dessinée sur cuivre le 29 mai 1872, sur une plaque à laquelle travaillèrent Harpignies, Taiée et F. Rops, chez Charles de Bériot. Epreuve sur chine volant.

162. Les Châtiments, par Victor Hugo.

> Cette planche du *Charivari*, parue pendant la guerre, a été tirée chez Claye, à quelques exemplaires, pour Victor Hugo. Epreuve sur chine volant.

163. Les Châtiments, par Victor Hugo.

> Réduction sur bois de la pièce du *Charivari*. Epreuve sur chine volant.

164. La Bonne grand'mère. — Au Salon.

> Deux lithographies, dont une avant la lettre sur chine.

165. Charbon de bois d'Ivry, 1872.

> Grande lithographie apposée journellement sur les murs de Paris. C'est la dernière pièce lithographiée par Daumier.

166. Photographies d'après ses dessins.

> Trois pièces.

DECAMPS (par et d'après).

167. Le Petit Savoyard. — Récréation. — Chien basset.

Trois lithographies dont une par Th. Chauvel. Epreuves sur chine.

168. Paysages. — Sujets de genre. — Animaux.

Dix-neuf eaux-fortes et lithographies.

DELACROIX (Eugène).

169. Portraits de l'artiste.

Trente-huit eaux-fortes et lithographies par A. Masson, Dunod, Lessore, Alophe, etc., plusieurs sont avant la lettre.

170. Portrait de Mme Frédérique Villot.

Eau-forte. Epreuve sur Japon.

171. Le Christ au roseau.

Eau-forte. Epreuve sur chine.

172. Tigre couché.

Eau-forte. Deux épreuves dont une, avec la planche sale, avant le nom de l'imprimeur. Rare.

173. Chef maure à Meknez. — Arabes couchés. — Femme nue, vue de dos. — Un Homme d'arme du temps de François Ier. — Un Seigneur du Temps de François Ier. — Une Lionne déchirant la poitrine d'un arabe.

Six pièces.

174. Portrait du baron Schwiter.

Lithographie.

175. Faust, tragédie de M. de Goethe. *A Paris chez Danlos.*

Dix-sept lithographies et le portrait du poëte.

176. Macbeth consultant les sorcières.
Lithographie. Epreuve avant toute lettre avec des salissures dans les marges. De toute rareté.

177. Combat du Giaour et du Pacha. Lithographie.
Epreuve du 1er état, avec les croquis dans la marge inférieure.

178. Weislingen attaqué par les gens de Goetz.
Lithographie. Epreuve sur chine, avant la lettre.

179. Hamlet. Acte V., Sc. Ire.
Lithographie. Epreuve sur chine.

180. Jane Shore. Acte V., Sc. IIme.
Lithographie. Epreuve sur chine.

181. Le Chant d'Ophélie. 1834.
Lithographie. Epreuve avant la lettre.

182. Cheval sauvage terrassé par un tigre, lithographie.
Très rare épreuve avant toute lettre, sur chine.

183. Médailles antiques.
Deux lithographies. Epreuves sur chine, avec l'adresse d'Engelmann.

184. Croquis divers ; dans le bas trois têtes ; plus haut un arbre et au-dessus un moine embrassant une femme.
Lithographie.

185. L'Empereur Charles-Quint au Monastère de St-Just. — Les Deux cavaliers, dont un démonté. — Lion dévorant un cheval.
Trois lithographies originales, dont une sur chine.

186. Clifford trouvant le corps de son père. — Le Prisonnier de Chillon. — Macbeth. — Médailles antiques. — Cheval sauvage.
Sept lithographies originales extraites de l'*Artiste*.

187. Femme turque assise.

> Dessin autographié surmontant des vers de Lamartine.
> Deux épreuves, dont une tirée à part. Très rare.

DELACROIX (d'après Eugène).

188. Femmes juives dans leur intérieur. 1834.

> Eau-forte. Epreuve sur chine, extraite du Musée Decamps.

189. Entrée des croisés à Jérusalem. — La Barque du Dante. — Boïssy d'Anglas. — Pont de Taillebourg. — Médée, etc.

> Sept lithographies par Maurou, Em. Lasalle, Pirodon, etc.
> Epreuves avant la lettre pour la plupart.

190. Le Christ mort. — Arabe. — Jésus aux Oliviers. — Cavalier. — Seigneur, etc.

> Neuf eaux-fortes, dont cinq sur chine, gravées par Fréd. Villot.

191. Tigre surpris par un serpent. — Barque du Dante. — Christ en croix. — Noce juive, etc.

> Douze eaux-fortes.

192. Les Natchez. — St-Sébastien. — Marino Faliero. — Le Tasse. — Numa et Egérie. — Une Pieta. — Lion et serpent, etc.

> Douze eaux-fortes par Bracquemond, Hédouin et Flameng.

193. Le Lion au Caïman. — Lionne. — Noce juive. — Le Tasse. — Hamlet. — Intérieur de Harem. — Justice de Trajan, etc.

> Douze lithographies par Challamel, Laurens, Mouilleron, etc.

194. La Fiancée d'Abydos. — Mort de Caton. — Michel-Ange. — Vieille femme. — Alfred Bruyas. — Le Bon Samaritain, etc.

> Quatorze lithographies par J. Laurens, Leroux, Mouilleron, etc.

195. Deux lions. — Tigre. — Les Convulsionnaires de Tanger. — Médée. — Fantasia arabe, etc.

> Quinze eaux-fortes.

196. La Mise au tombeau. — La Fiancée d'Abydos. — Le Tasse. — Dante et Virgile. — La Liberté, etc.

> Quinze pièces.

197. L'Hermite de Copmanhurst. — Hamlet. — Christ au tombeau. — Odalisque. — Agonie de la liberté. — Daniel. — St-Sébastien. — L'Attaque, etc.

> Quinze lithographies, par Alophe, Anastasi, J. Laurens.

198. Fac-simile de dessins. — Autographies. — Photographies.

> Cent trente pièces extraites de différentes publications, un certain nombre tirées à part.

DELAUNEY (Alfred).

199. Ruines du Palais des Tuileries. 1871.

> Epreuve avec dédicace au crayon.

DELATRE (Auguste).

200. Paysages.

> Douze eaux-fortes.

DETAILLE (Edouard).

201. Uhlan. — Cuirassier. — Trompette de chasseurs.

> Trois eaux-fortes. Epreuves avant la lettre dont deux sur Japon.

DEVÉRIA (Achille).

202. Portraits d'Alex. Dumas. — A. Du Sommerard. — Sujets

> Six lithographies.

DIAZ (d'après Narcisse).

203. Paysages. — Sujets de genre.   3.50

Quatorze lithographies par J. Laurens, Pirodon, dont plusieurs
avant la lettre sur chine.
En plus trois bois et le portrait de l'*Artiste*.

204. Paysages. — Sujets de genre.   2.50

Seize eaux-fortes par L. Gaucherel, Boilvin, Chauvel, Greux, etc.

DILLON (Henri-Patrice).

205. Le Modèle à l'atelier. — Japonaise.   6

Deux lithographies. Epreuves sur chine volant.

DIVERS.

206. Sujets. — Paysages. — Portraits, etc.   1

Cinquante gravures sur bois et héliogravures d'après les maîtres

EAUX-FORTES.

**207. Les Vignes de Talant. — Le Bibliophile. — La
Mansarde. — David et Saül, etc.**   2.50

Dix pièces par Decisy, G. Bourges, Delatre, etc.

208. Sujets de genre. — Paysages. — Animaux.   2.50

Onze pièces gravées par A. Manchon, A. Duvivier, Daumont.
. etc. Epreuves avant la lettre, plusieurs avec dédicaces.

209. Sujets divers.

Douze pièces par E. Rudaux, Oudart, Hédouin, Lefman, etc.,
dont plusieurs avant la lettre.   2

210. Paysages.

Treize pièces par Appian, Féret, Faure-Dujarric, Kratké, etc.,
dont plusieurs avant la lettre.   2

211. Sujets divers.

Treize pièces par J. Hanriot, Los Rios, Berne-Bellecour, etc., dont plusieurs avant la lettre.

212. Vues et Paysages.

Treize pièces par Clesinger, Rodriguez, etc., dont plusieurs avant la lettre.

213. Sujets de genre. — Animaux. — Paysages.

Seize pièces gravées par L. Flameng, J. Héreau, A. Gilbert, etc.

214. Vues et Paysages.

Vingt pièces par Ed. Yon, O. de Rochebruue, Kratké, Delauney, Garen, etc., dont plusieurs avant la lettre sur japon.

215. Portraits. — Sujets. — Paysages.

Vingt pièces par Ch. Jacque, Edm. Hédouin, Flameng, Oudart, etc.

216. Portraits. — Sujets. — Vignettes.

Vingt-cinq pièces par Th. Ribot, Desboutin, Duvivier, Courtry, etc., dont plusieurs avant la lettre.

217. — Portraits. — Sujets. — Paysages.

Quarante pièces par H. Sauvage, G. Garen, P. V. Ressel, etc.

FAIVRE (Claude).

218. Le Joueur de violon, d'après F. Roybet.

Epreuve de remarque, sur papier du japon.

219. Le Joueur de violon, d'après F. Roybet.

Epreuve avant la lettre.

FANTIN-LATOUR (H.).

220. Un morceau de Schumann. (Le graveur Edwin Edwards et sa femme).

Eau-forte.

221. Tentation.
Lithographie. Epreuve d'essai.

222. L'amour désarmé.
Lithographie tirée à quelques épreuves.

223. Sara la baigneuse.
Lithographie. Epreuve sur chine.

224. Sara la baigneuse. Variante.
Lithographie. Epreuve sur chine volant, avec un cache-lettres.

225. Baigneuses.
Lithographie.

226. Baigneuses.
Lithographie.

227. Musique et Poésie.
Lithographie. Epreuve sur chine.

228. La Leçon de dessin. 1879.
Lithographie, non mentionnée par M. H. Beraldi.

229. La Gloire. 1890.
Lithographie. Epreuve sur chine.

230. Le Poëte et la Muse.
Lithographie. Epreuve sur Japon.

231. Le Musicien.
Lithographie. Epreuve sur chine.

232. Bouquet de roses.
Lithographie. Epreuve sur chine avec dédicace.

233. Une Mélodie de Schumann.
   Lithographie. Epreuve sur Chine.

234. A la Mémoire de Berlioz (B. 10).
   Lithographie. Epreuve sur Chine, avec dédicace.

235. A la Mémoire d'Eugène Delacroix.
   Lithographie. Epreuve sur Chine.

236. A la Mémoire de Victor Hugo.
   Lithographie. Epreuve sur Chine, avec dédicace.

237. A la Mémoire de Robert Schumann. 1873.
   Lithographie. Epreuve sur Chine.

238. Titre d'OEuvres musicales.
   Lithographie. Epreuve sur Chine.

239. Frontispice pour les œuvres musicales de Schumann, H. Berlioz, R. Wagner, Brahms.
   Lithographie. Epreuve sur Chine.

240. Début de la Valküre. Wagner.
   Lithographie. Epreuve sur Chine.

241. Finale de la Walküre.
   Lithographie. Epreuve sur Chine.

242. Lohengrin, prélude (B. 20).
   Lithographie. Epreuve sur Chine avec dédicace.

243. Lohengrin, R. Wagner.
   Lithographie. Epreuve sur Chine bleu, avec dédicace.

244. Finale de la Gœtterdœmmerung. Wagner.
   Lithographie. Epreuve sur Chine volant.

245. Gœtterdœmmerung : Siegfried et les Filles du Rhin.
Wagner.

Lithographie. Epreuve de 1er état, sur Chine, avec dédicace.

246. Gotterdammerung. Wagner.

Lithographie.

247. Erda ! R. Wagner.

Lithographie. Epreuve sur Chine.

248. L'Etoile du soir. Wagner.

Lithographie. Epreuve sur Chine bleu, avec dédicace.

249. Parsifal.

Lithographie. Epreuve sur Chine.

250. Parsifal.

Lithographie. Epreuve sur Japon.

251. Tannhœuser. Acte III.

Lithographie tirée à 5 épreuves d'essai, sur Chine.

252. Tannhaüser, le Vénusberg.

Lithographie. Epreuve sur Chine.

253. L'Etoile du soir. Tannhaüser.

Lithographie. Epreuve sur Chine avec dédicace.

254. Tanhauser.

Lithographie. Epreuve sur Chine.

255. Finale du Vaisseau-Fantôme. Wagner.

Lithographie. Epreuve sur Chine.

256. L'or du Rhin (R. Wagner).

Lithographie. Epreuve sur Chine.

257. L'or du Rhin.

Lithographie. Epreuve du 1er état avant le nom de l'imprimeur, sur Chine, avec dédicace.

258. L'or du Rhin.

Lithographie. Epreuve du 2e état sur Chine bleu.

259. Le Paradis et la Peri-Schumann.

Lithographie. Epreuve sur Chine.

260. Religions et Religion (pour les Voix de Victor Hugo).

Lithographie. Epreuve de 1er état, sur Chine, avec dédicace.

261. Schumann, Solitude.

Lithographie. Epreuve sur papier de Chine.

262. Manfred. — R. Schumann.

Lithographie. Epreuve sur Chine.

263. Manfred.

Lithographie. Epreuve sur Chine.

264. Manfred.

Lithographie. Epreuve sur Chine grisâtre, avec dédicace.

265. Les Troyens. — Nuit d'ivresse.

Lithographie. Epreuve sur Chine, avec dédicace.

266. Les Troyens (duo).

Lithographie.

267. La Prise de Troie, apparition d'Enée, (B. 13).

Lithographie. Epreuve sur Chine avec dédicace.

268. Les Troyens. Nuit d'ivresse. Variante.

Lithographie. Epreuve sur papier de Chine bleu.

269. Poèmes d'Amour.
Lithographie. Epreuve sur Chine.

270. Brahms. — Poème d'Amour.
Lithographie. Epreuve sur Chine.

271. Rinaldo (J. Brahms). (B. 28).
Lithographie. Epreuve sur Chine.

272. Rinaldo.
Lithographie. Epreuve sur Chine.

273. Rinaldo.
Lithographie. Epreuve sur Chine.

274. Hélène (Sujet emprunté au Faust de Goethe).
Lithographie. Epreuve sur Chine.

275. Klingsor. — Kundry.
Lithographie. Epreuve sur papier du Japon.

276. La Fée des Alpes.
Lithographie. Deux épreuves sur Chine dont une avant la lettre.

277. La Fée des Alpes. 1885.
Lithographie. Epreuve sur Chine.

278. Nuit de printemps.
Lithographie. Epreuve sur Chine.

279. Harold. (H. Berlioz).
Lithographie. Epreuve sur Chine.

280. L'enfance du Christ.
Lithographie. Epreuve sur Chine.

281. Siegfried, apparition d'Eria.

Epreuve du 2e état, sur papier teinté.

282. Siegfried, apparition d'Eria.

Lithographie. Epreuve sur papier teinté, avec dédicace.
1er état, avant le nom de l'imprimeur et avant que les inscriptions qui se voient à rebours dans la marge n'aient été effacées.
Très rare.

283. Lithographies pour les œuvres de M. Jullien, sur R. Wagner et Berlioz.

Vingt-six pièces. Epreuves d'essai.

284. Les graveurs du XIX° siècle. — L'étude. — A Victor Hugo. — Inspiration.

Quatre pièces.

FICHOT (Karl et Charles).

285. Vues. — Paysages. — Animaux. — Ex-libris. — Menus.

Trente eaux-fortes et lithographies.

FLAMENG (Léopold).

286. Charles Meryon, 1858.

Photogravure.

287. La Mort de Sainte Geneviève, d'après J. P. Laurens.

Epreuve avant la lettre sur Japon, avec dédicace au crayon.

288. Alfred Delvau. Histoire anecdotique des Cafés et Cabarets de Paris, 1862.

Six eaux-fortes, imprimées sur la même feuille.

289. Portraits de Burty père — J. P. Laurens., etc.

Trois eaux-fortes avant la lettre, dont une sur japon.

290. Rédaction du *Sans-le-sou*. — Le Cabaret du *Lapin blanc*. — Le Marché aux chevaux.

Trois eaux-fortes. Epreuves sur Chine volant.

291. Adresse de Delâtre. — Carte du jour de l'an, 1867. — Billet de faire part, etc.

Cinq eaux-fortes.

292. Les Bohémiens. — L'Astronome. — Un Rabbin. — L'Homme à la canne. — Portraits. — Paysage, etc.

Quinze eaux-fortes d'après Hals, Van Dyck, Rembrandt, B. Constant, etc., dont plusieurs avant la lettre.

FLEURY (A.).

293. Menus pour les diners des Eclectiques.

Cinq eaux-fortes.

FOCILLON (H.).

294. Le Greffeur, d'après J.-F. Millet, 1887. — Vue de Dijon.

Epreuves avant la lettre, sur Japon, avec dédicace signée au crayon.

295. La Gardeuse de vaches, d'après Julien Dupré.

Epreuve non terminée avant la lettre.

296. La Gardeuse de vaches, d'après Julien-Dupré.

Epreuve avant la lettre, avec dédicace signée au crayon.

297. Intérieur de ferme (effet de nuit) d'après J.-F. Millet.

Epreuve avant toute lettre sur Japon.

298. Vue de Paris. — Portraits. — Sujets et paysages. — Menus.

Onze eaux-fortes d'après Lalanne, Raffaeli, etc., dont plusieurs non terminées et avant la lettre.

FORAIN.

299. Menus pour un diner donné par M. H.

Douze pièces libres, tirées à 6 exemplaires, les pierres effacées.

GAVARNI.

300. Portraits en pied de Balzac et de Paul Delaroche.

Deux eaux-fortes originales imprimées sur la même feuille.
Très rare épreuve avant toute lettre.

301. Portraits en pied d'Alfred de Musset, Eug. Isabey, Decamps, et du prince Napoléon.

Quatre lithographies. Epreuves sur Chine dont une avant la lettre.

302. Si je savais lire, je voudrais jamais...... — Tiens Fanny c'est pas tout ça !.....

Trois lithographies. Epreuves avant la lettre avec les légendes manuscrites de la main de l'Artiste.

303. La Foire aux amours. — N°s 5, 6, 9 et 10. — Les Maris me font toujours rire, n° 7.

Cinq lithographies dont quatre avant la lettre.

304. Le Collectionneur. — Petits Travestissements. — La Jalousie. — Consultation. — Mignon. — Sérénade espagnole. — Le Champagne. — Les Toquades. — Un Bal à la chaussée d'Antin.

Quinze lithographies dont quatre avant la lettre.

305. Lithographies de l'Epoque Romantique.

Dix-sept pièces sur Chine volant.

GÉRARDIN (A.).

306. Sujets divers. — Vignettes. — Menus

Quinze eaux-fortes.

GÉRICAULT (par et d'après).

307. Chevaux. — Figures.

Vingt-neuf pièces, dont plusieurs lithographies originales.

GILL (André).

308. Portrait de Bergeret. — 22 mars 1871.

Lithographie tirée à quelques exemplaires. Epreuve sur Chine.

309. Homme endormi à une table. 26 mars 1871.

Lithographie tirée à quelques exemplaires. Epreuve sur Chine.

310. Butte Montmartre. Un fédéré gardant un canon. 19 mars 1871.

Lithographie tirée à quelques exemplaires. Epreuve sur Chine.

311. Butte Montmartre. Un fédéré. 18 mars 1871.

Lithographie tirée à quelques exemplaires. Epreuve sur Chine.

312. Les Cadavres de Clément Thomas et du général Lecomte. 18 mars 1871.

Lithographie tirée à quelques épreuves. Pièce sur Chine.

GŒNEUTTE (Norbert).

313. La Cigale.

Pointe-sèche. Epreuve avec dédicace.

GONCOURT (Jules de).

314. Vignette pour la Lorette, de Gavarni.

Epreuve sur Japon de la planche non coupée avec différents croquis. Très rare.

315. Ex-libris des frères de Goncourt, dessiné par Gavarni.

Eau-forte. Epreuve sur papier ancien.

GONCOURT (Jules et Edmond de).

316. Le Café Godet. — La Lettre. — Tête de femme. —
Femme cousant. — Masque de Voltaire.

> Cinq eaux-fortes.

317. La Bouquetière. — Baigneuses. — Jeune femme
assise. — Léda. — Fête de village.

> Cinq eaux-fortes d'après F. Boucher.

318. L'Enlèvement galant. — Tête de femme. — Jeune
seigneur. — Têtes de femmes.

> Cinq eaux-fortes d'après Ant. Watteau, et Fragonard.

319. Gabriel de St-Aubin. — Enfant. — Nature morte. —
La Cuisinière. — Marie-Louise. — Tête de femme. —
La Justice divine.

> Huit eaux-fortes d'après Chardin, Prud'hon, etc.

GRASSET (Eug.).

320. Affiche de la Librairie romantique. — Bougie Fournier.

> Deux pièces dont une avant la lettre.

JACQUEMART (Jules).

321. Le Défilé de Nancy, d'après E. Meissonier.

> Eau-forte. Epreuve avant la lettre.

322. Les Amateurs d'estampes, d'après Meissonier.

> Epreuve tirée en bistre. Eau-forte.

323. Gemmes et Joyaux de la Couronne.

> Seize eaux-fortes dont plusieurs avant la lettre. Epreuves des
> cadres d'exposition aux Salons.

324. Coupes. — Armes. — Médailles. — Bijoux. — Objets japonais.

Quinze eaux-fortes, extraites de la *Gazette des Beaux-arts*.

325. Madame Clémentine Fillon. — Théophile Gautier. — Alex. Dumas. — E. Allou.

Quatre eaux-fortes, plus une lithographie et plusieurs bois.

326. Le Bibliophile amoureux, pochade en 1 acte par A. Martin, représentée le 15 avril 1866, chez Aglaüs Bouvenne.

Eau-forte.

327. Une Gênoise. — Scène espagnole. — Un Supplicié. — W. van Heythüysen. — La Veuve et l'enfant. — Nature morte. — Moïse, etc.

Dix-sept eaux-fortes, extraites de la *Gazette des Beaux-Arts*, de l'*Art*, dont plusieurs avant la lettre.

328. Diptyque. — Reliures. — Bijoux. — Faïences, etc.

Vingt-sept eaux-fortes.

KRATKÉ (C.-L.).

329. La Barateuse, d'après J.-F. Millet.

Epreuve de remarque, avant la lettre, sur parchemin.

330. La Barateuse, d'après J.-F. Millet.

Epreuve de remarque avant la lettre.

LA PINELAIS (B. de).

330 *(bis)*. L'Arsenal de Toulon.

Six eaux-fortes.

LEBRUN (Ch.).

331. Portrait de George Sand.

Lithographie. Epreuve sur Chine, avec dédicace.

LEGROS (Alphonse).

332. Portrait de Thomas Carlyle.

Epreuve avant toute lettre sur Japon.

333. Portrait de T. Carlyle.

Eau-forte.

334. Portrait de Champfleury.

Lithographie. Epreuve sur Chine fixé.

335. Portrait de Champfleury, 1875.

Lithographie. Epreuve sur Chine volant.

336. Portraits de Dalou et de la fille de Legros.

Deux eaux-fortes, dont une sur Japon.

337. Portrait de Poulet-Malassis.

Eau-forte.

LEMERCIER (Léon).

338. Sujets divers. — Croquis. — Oiseaux.

Trente-cinq eaux-fortes et deux lithographies, épreuves en différents états.

LEMUD (Alf. de).

339. Hélène Adelsfreit.

Epreuve unique, avec essai de teinte, avant lettre sur Chine.

340. Hélène Adelsfreit.

Deux épreuves sur Chine, dont une avec un cache-lettre.

341. L'Etude.

Lithographie de toute rareté, tirée à cinq épreuves.

342. Le Retour en France.

Lithographie relative au retour des Cendres de Napoléon Ier. Epreuve sur Chine.

343. Maître Wolffram. — Enfance de Callot. — Le Vin.

Trois lithographies. Epreuves sur Chine dont une avant la lettre.

344. Lithographies extraites de l'Artiste. — Chansons de Béranger, etc.

Dix-neuf pièces.

345. Frontispice et vignettes pour les Chansons de Béranger.

Trois pièces, gravées par Pelée. Epreuves avant la lettre sur Chine.

LITHOGRAPHIES.

346. Le Buveur. — La Vérité. — Les Abandonnés. — Le Général Prim. — Paysage, etc.

Six lithographies par Alf. Bahuet et autres, d'après Hals, H. Regnault, Cazin.

347. Sujets et Paysages.

Dix-sept pièces par Eug. Cicéri, L. Boulanger, etc., dont plusieurs avant la lettre.

348. Sujets. — Portraits. — Paysages. — Animaux.

Quinze pièces par L. Leroy, Gigoux, Lemercier, Vernier, etc., dont plusieurs avant la lettre.

349. Sujets divers. — Paysages.

Quinze pièces par Roqueplan, Jeanron, Johannot, etc.

350. Portraits. — Sujets. — Paysages.

Vingt-quatre pièces par Andrieux, Bouquet, Martin. etc.

LUNOIS (Alexandre).

351. La salle Graffard, d'après Jean Béraud.

Lithographie. Epreuve avant toute lettre sur Japon.

352. Les Blanchisseuses, d'après H. Daumier.

Lithographie. Epreuve sur Japon.

353. Intérieur, d'après L. Lhermitte.

Lithographie. Epreuve avant la lettre, sur Chine, avec remarque.

MANET (Edouard).

354. Philippe IV, roi d'Espagne, d'ap. Velasquez. — Portrait de l'artiste, par A. Masson.

Deux eaux-fortes, dont une avant toute lettre.

355. Portrait de Mademoiselle Morizot.

Deux lithographies différentes. Epreuves sur Chine.

356. Exécution de l'Empereur Maximilien.

Epreuve d'essai. Très rare.

357. Le Polichinelle.

Lithographie. Epreuve tirée en bistre. Unique.

358. Le Polichinelle.

Lithographie. Epreuve en couleur.

359. Le Polichinelle.

Lithographie. Epreuve en couleur, sur papier de Chine volant, Tiré à 25 exemplaires.

360. La Barricade. — Soldats fusillant deux insurgés.

Lithographie. Epreuve sur Chine.

361. Guerre civile. Cadavre de fédéré devant une barricade.

Lithographie. Epreuve sur Chine.

362. Les Courses.

Lithographie. Epreuve sur Chine.

363. Le Gamin au cabas.

Lithographie. Epreuve sur Chine.

364. Affiche pour *Les Chats*, par Champfleury.

Epreuve d'une grande rareté, tirée sur la pierre. Les affiches ont été tirées sur un zing.

365. Affiche pour le Corbeau, d'Edgar Poë.

Lithographie. Epreuve sur parchemin.

MASSON (Alphonse).

366. La Barque du Dante. — L'Italien buvant dans un ruisseau.

Deux pièces avant la lettre, d'après Eug. Delacroix.

MEISSONIER (Ernest).

367. Cadavre de soldat.

Photogravure d'un calque sur gélatine fait par Meissonier.

MEISSONIER (d'après Ernest).

368. Polichinelle. — Deux lansquenets. — Liseur. — Un gentilhomme.

Cinq eaux-fortes et lithographies par Flameng, Boilot, etc., dont quatre avant la lettre.

369. Lecture. — Alex. Dumas. — J. Hetzel. — Les Amateurs. — Une Halte. — Le Billet doux, etc.

Quinze eaux-fortes, lithographies et photogravures.

MENUS.

370. Menus et Programmes.

Quinze pièces par Lemercier, La Pinelais, etc.

371. **Menus et Programmes.**

  Quinze pièces par Detaille, Hanriot-Guérard, etc.

372. **Menus et Programmes.**

  Vingt pièces par A. Gérardin, Lemercier, etc.

MERYON (Charles).

373. **La Rue des toiles, à Bourges, 1853.**

  Eau-forte. Epreuve du 2e état.

MERYON (d'après).

374. **Sur une Chimère de Notre-Dame de Paris. — Intérieur de cloître, etc.**

  Huit pièces.

MICHELIN (Jules).

375. **Paysages.**

  Deux eaux-fortes sur Chine dont une avec dédicace.

376. **La Mare. — Lisière de bois. — Approche d'orage.**

  Trois eaux-fortes sur Chine. Rares.

377. **Paysages.**

  Trois eaux-fortes sur Chine, dont une avec dédicace.

378. **Les Saules, pour un sonnet de Theuriet. — Intérieur de forêt. — Bords de rivière. — Sous bois. — Chataignier à Royat.**

  Cinq eaux-fortes en épreuves d'état.

379. **Paysages.**

  Sept eaux-fortes.

380. **Paysages.**

  Sept eaux-fortes.

MILLET (Jean-François).

381. La Veillée, 1856 (Le B. 15).

Eau-forte. Rare.

382. La Gardeuse d'oies. (Le B. 17).

Pointe-sèche, tirée en bistre. Rare. Epreuve sur Chine volant.

383. Femme faisant manger son enfant, 1861. (Le B. 18).

Eau-forte. Epreuve du 3ᵉ état, avant la lettre. (*Gazette des Beaux-Arts*). Epreuve sur Chine.

384. Le Départ pour le travail, 1863. (Le B. 20).

Eau-forte. Rare épreuve du 2ᵉ état avant les adresses de Delàtre et de Moureaux, tirée en bistre.

385. Le Départ pour le travail. 1863. (Le B. 20).

Eau-forte. Rare, épreuve du 2ᵉ état.

386. Oliviers de Serres. 1858 (Le B. 24).

Lithographie originale pour une brochure d'Alfred Sensier. Rare épreuve avec Seigneur *de* Pradel, au lieu de *du* Pradel. Rare.

387. Oliviers de Serres. 1858.

Lithographie originale. Epreuve sur chine volant, avec la correction.

388. La Bergère assise.

Gravure sur bois, exécutée par J.-B. Millet. Rare.

389. Femme vidant son seau.

Gravure sur bois, exécutée par Pierre Millet. Epreuve tirée sur papier rouge.

390. Femme cousant. — Femme faisant bouillir du manger.

Deux gravures sur bois, exécutées par Pierre Millet ?

391. Où donc est-il ? — Gardeuse de moutons.

Deux pièces. Reproductions de deux estampes rarissimes de Millet. Epreuves avant toute lettre tirées à trois épreuves.

392. La Cueillette des haricots. — OEdipe détaché de l'arbre. — La Baratteuse. — Le Bûcheron et la Mort. — Paysanne.

Cinq eaux-fortes par Edm. Hédouin, dont deux avant la lettre.

393. Le Semeur. — Le Vanneur. — La Fileuse. — La Femme au rouet. — Le Troupeau de moutons. — Paysanne.

Neuf lithographies, par Em. Vernier, dont plusieurs en épreuves d'essai et avant toute lettre, sur Chine.

394. La Fileuse. — La Veillée. — La Tricoteuse. — Faneuse. — Byle. — La Jeune mère, etc.

Quinze eaux-fortes dont plusieurs avant la lettre.

395. La Bergère. — Les Sabots. — Bucherones. — Les Faneuses. — Femme au rouet. — Vanneur. — L'Angelus, etc.

Vingt pièces. Fac-simile de dessins et héliogravures.

396. Portraits de l'artiste. — Reproductions de ses OEuvres.

Vingt-cinq pièces.

397. Fac-simile de dessins, gravures sur bois d'après ses œuvres.

Trente-cinq pièces dont plusieurs tirées à part.

MORIN (Edmond).

398. Ruy Blas, par Victor Hugo.

Eau-forte. Quatre épreuves d'artiste en états différents, dont deux sur Japon.

399. Mademoiselle de Maupin, par Théophile Gautier.

Deux eaux-fortes tirées à trois exemplaires.

400. La Ligne brisée, par Asselineau. — Charles IX, par
Mérimée, en-tête du 12ᵉ chapitre. — L'Avare, par
Molière. — Portrait de Fréron, par Monselet. — Le
Réveillon par Meilhac.

Six eaux-fortes. Epreuves d'artiste, plusieurs sur Chine.

401. Le Soldat et la nourrice. — Le Soldat et les deux
nourrices. — Mauvais temps. — Une Averse sur le
boulevard des Italiens.

Cinq eaux-fortes dont une en double sur Japon.

402. Vignettes-adresses pour les Magasins du Louvre.

Six eaux-fortes, épreuves d'artiste.

403. Le Louvre. — Bal masqué. — Contes de Boccace.

Sept eaux-fortes en épreuves d'artiste, dont plusieurs à l'état
d'eau-forte, sur Chine et Japon.

404. Billet d'invitation chez Ph. Burty. — Diners de
l'Eclectiques. — Cours de sculpture et de dessin de
Mᵐᵉ Léon Bertaux.

Seize eaux-fortes, dont plusieurs doubles avec différences.

405. Adresses, Menus, Cartes.

Sept pièces. Epreuves tirées à part.

406. Sujets divers.

Trente-deux gravures sur bois extraites de différentes publica-
tions.

NANTEUIL (Célestin).

406 *bis*. Les Archers. 1833.

Lithographie. Epreuve avant la lettre.

407. La Vierge et l'Enfant Jésus. 1838.

Eau-forte et lavis. Epreuve d'essai avant la lettre.

408. Théâtre de l'Opéra Comique. Fête de nuit. — Etrennes pittoresques. 1835. — Le Monde dramatique. 1835. — L'Artiste. 1837.

Quatre eaux-fortes.

409. Affiche pour *Don César de Bazan*. 1872.

Lithographie. Epreuve avant la lettre, sur Chine.

410. Affiche pour le *Saphir*.

Lithographie.

411. Titres de romances. — Reproductions de titres de l'Epoque Romantique.

Vingt-quatre pièces.

412. Le Vice au Jardin Mabile. Allégorie.

Dessin rehaussé de crayon rouge, signé.

PIRODON (Eugène).

413. Portrait de Victor Hugo.

Epreuve avant toute lettre, sur Chine.

414. La Noce juive, d'après Eug. Delacroix.

Deux épreuves avant la lettre avec remarques différentes.

415. L'Angelus, d'après J.-F. Millet.

Épreuve avant la lettre, sur papier de Chine.

PRUD'HON (par et d'après).

416. Une Lecture. — Aminta. — La Raison parle et le plaisir entraîne.

Trois pièces par Prud'hon et Barth. Roger.

417. Portrait de Mademoiselle Mayer.

Lithographie par Ach. Sirouy. Epreuve avant toute lettre sur Chine.

418. Les Vendanges. — Une Pensée. — L'Etude guide
l'essor du génie. — Les Petits dévideurs. — La Vierge.
— Marguerite. — Le Triomphe de Vénus.

Huit lithographies, dont un double, par Aubry-Lecomte. Epreuves sur Chine.

419. Figures et Sujets allégoriques.

Vingt-quatre lithographies par Jules Boilly, la plupart sur chine.

420. Sujets et Figures.

Trente-six eaux-fortes, lithographies et bois.

PUVIS DE CHAVANNES (Pierre).

421. Le Ballon. — Le Pigeon (Guerre de 1870).

Deux lithographies par Em. Vernier. Epreuves sur Chine.

QUEYROY (Armand).

422. Souvenirs de Bourbon l'Archambault. — Vues
diverses.

Vingt-quatre eaux-fortes.

RAFFAËLLI (J.-F.).

423. Le Chiffonnier éreinté.

Eau-forte. Epreuve sur Japon avec dédicace. Rare.

424. Tête d'homme. — Sur le boulevard.

Deux eaux-fortes sur Japon.

425. Le Mendiant.

Lithographie. Epreuve sur Chine volant.

RAJON (Paul).

426. Portrait de Jennyson.

Eau-forte. Epreuve avant la lettre, sur Japon.

427. **Victor Hugo.** — Diner des Eclectiques. — Barbey d'Aurevilly. — Portraits d'enfants. — Tête de jeune femme, etc.

Onze pièces dont plusieurs avant la lettre.

RÉGAMEY (Frédéric).

428. Quatre oiseaux sur une branche. — Cinq oiseaux sur une branche. — Faisan.

Eaux-fortes. Six épreuves en états différent..

429. Le Déboulonnement de la Colonne. — La Butte Montmartre.

Deux lithographies tirées à trois exemplaires. Epreuves sur chine. Non cité par Quentin Bauchart.

430. Portraits d'Aglaüs Bouvenne, de Paul Arène et d'Alexis Martin.

Trois lithographies. Epreuves sur Chine.

431. Trois affiches pour *Paris à l'eau-forte*.

Rares.

432. Vignettes pour *Paris à l'eau-forte*.

Vingt-une planches contenant plusieurs eaux-fortes chacune. Epreuves sur Chine volant. Rares en cet état.

433. Fac-simile d'Estampes Japonaises.

Quatre pièces, dont trois sur Chine.

434. Paysage. — Sujets de genre.

Cinq eaux-fortes, avant la lettre sur Japon et sur Chine.

435. Frontispice et vignettes pour les Mémoires des frères Hanlon Lees.

Sept eaux-fortes dont une en double. Epreuves d'artiste.

436. Sarah Bernhardt. — Coquelin cadet, etc.

Neuf pièces, eaux-fortes et lithographies en différents états.

437. L'Etameur. — Au Jardin du Luxembourg. — Vignettes.

Dix pièces.

438. Vignettes diverses.

Onze eaux-fortes. Epreuves d'essai.

439. Menus pour les Diners des Eclectiques et autres. — Vignettes diverses.

Trente-et-une eaux-fortes dont plusieurs doubles en états différents.

440. Portraits de La Fontaine. — Mme Du Bary. — Alb. Gréville. — Victor Hugo. — Glatigny, etc.

Vingt-cinq eaux-fortes dont plusieurs en différents états.

ROUSSEAU (Théodore).

441. Vue du plateau de Bellecroix. 1848.

Eau-forte. Très rare. Epreuve tirée sur papier ancien. .

442. Les Chênes de roche. 1861.

Eau-forte. Epreuve du 2e état.

443. Paysages.

Sept eaux-fortes par Th. Chauvel, Martial et Greux, dont plusieurs avant la lettre.

444. Paysages.

Huit lithographies par J. Laurens, Delbare, etc., dont plusieurs avant la lettre.

445. Paysages.

Treize eaux-fortes par Ch. Jacque, Lefman, Marvy, Greux, etc., dont plusieurs avant la lettre.

446. Paysages.

Trente pièces. Fac-simile de dessins, autographies.

ROBIDA (A.).

447. Les Amoureuses de la Tour Eiffel. — Le Mont Saint-Michel. — Carte-adresse de l'Artiste.

Trois pièces dont deux eaux-fortes et une lithographie.

ROBAUT (Alfred).

448. Tobie et l'Ange. — Education d'Achille. — Jacob et l'Ange. — Pendentifs, etc.

Neuf lithographies d'après Eugène Delacroix.

449. Fac-simile de dessins et croquis d'Eugène Delacroix.

Quatre-vingts pièces sur Chine, dont plusieurs doubles.

RODRIGUEZ.

450. La Jeune mère, d'après J.-F. Millet.

Trois épreuves avant la lettre dont une sur Japon et une sur parchemin avec remarque.

ROPS (Félicien).

451. La Fileuse d'après Millet.

Eau-forte.

452. Paysan assis.

Eau-forte. Epreuve d'artiste.

453. La Fileuse. — L'Affûteur. — Le Semeur. — Griserie flamande.

Cinq pièces dont une en double.

454. Les Sonnets du docteur X. — Académie. 1883. —
La Saltimbanque. — La Colère. — Anversois.

    Cinq eaux-fortes.

455. Titre pour Catule et Lesbie. — OEuvres inutiles nuisibles. — J.-F. Millet. Souvenirs de Barbizon. — Le
Fer rouge. — Adresse de F. Nys. — Menu.

    Six eaux-fortes.

456. A un diner d'athées. — Vignette. — De continentia
Joseph.

    Six eaux-fortes dont une non terminée.

457. L'Olivierade. — OEuvres inutiles nuisibles, etc.

    Sept eaux-fortes.

SEYMOUR-HADEN (F.).

458. L'Ecluse d'Egham.

    Eau-forte. Epreuve d'artiste.

SIROUY (Achille).

459. Marino Faliero, d'après Eug. Delacroix.

    Deux épreuves avant la lettre, avec remarques différentes.

460. Apollon tuant le serpent Pithon. — Mort de Sardana-
pale. — Entrée des Croisés à Constantinople. — Jésus
et la tempête.

    Quatre lithographies ; épreuves sur Chine, dont trois avant la
lettre.

SIROUY et LETOULA.

461. Portrait d'Eugène Delacroix.

    Deux lithographies ; épreuves sur chine.

THORNLEY (G. W.).

462. Paysage d'après Corot et C. Dutilleux.

    Deux lithographies. Epreuves avant la lettre, dont une sur Japon.

463. Le Rêve. — Sainte Geneviève. — Jésus au berceau, etc.

    Dix lithographies sur Chine, dont plusieurs avant la lettre.

TROYON (d'après).

464. Paysages et animaux.

    Treize eaux-fortes et lithographies par Waltner, Lançon, Delauney, etc., dont plusieurs avant la lettre.

VERNIER (Emile).

465. Lion au caïman, d'après Eug. Delacroix, 1864. — L'Angelus, d'après Millet.

    Deux épreuves sur Chine.

466. La Tricoteuse, d'après J.-F. Millet.

    Epreuve avant toute lettre, avec dédicace signée au crayon.

WALTNER (Ch.-Alb.).

467. Intérieur de harem, d'après Eug. Delacroix, 1874.

    Epreuve avant la lettre, sur Chine.

468. L'Angelus, d'après J.-F. Millet, 1881.

WATTEAU (d'après A.).

469. Portraits de l'artiste. — Reproductions de ses œuvres.

    Quatorze pièces.

Baugé (Maine-et-Loire). — Imprimerie Daloux.

470 Desrosses   10
471 Coup forte,   12
472 C. Flameng   12
473   (─   10
474   {   03.10
475 Legros   67
476   }   [illegible]
477   }   100
478   }   [illegible]
479   }   [illegible]
480   }   44
481 Lithogr.   13

Total de la Vente   : 9.473

www.ingramcontent.com/pod-product-compliance
Ingram Content Group UK Ltd.
Pitfield, Milton Keynes, MK11 3LW, UK
UKHW031804170726
13836UKWH00003B/1178